My First Picture Dictionary

Compiled by Judy Nayer
Pictures by Roz Schanzer

1992 McClanahan Book Company, Inc. All rights reserved.
Published by McClanahan Book Company, Inc.
23 West 26th Street, New York, NY 10010
Printed in the U.S.A.

Aa

airplane

An **airplane** flying all around

ant

An army of **ants**

alligator

An **alligator** asleep—sshhh!

apron

An ape in an **apron**

Bb

balloon

A big bunch of blue **balloons**

boat

A blue **boat** bobbing in the bay

bear

A baby **bear** in a bubble bath

bus

Boys bouncing on a bumpy **bus**

Cc

cake

Counting candles on a **cake**

cat

A **cat** curled up on a cozy couch

camel

A clumsy cowboy on a **camel**

cow

Cows in a cornfield

Dd

dog
A **dog** digging up daffodils

drum
Dum-de-dum, beat a **drum**.

doll
A dozen dancing **dolls**

duck
A **duck** dressed for dinner

Ee

egg

An **elf** eating **eight** **eggs**

Ff

family

Five in a **family**

elephant

An **elephant** with enormous ears

fence

A farmer fixing a **fence**

fire engine

A **fire engine** going fast to a fire

fox

A furry **fox** with a fiddle

fish

Feeding four funny **fish**

frog

Five fat, friendly **frogs**

Gg

giraffe
Some grass for a galloping **giraffe**

guitar
A goose playing a golden **guitar**

goat
A **goat** gobbling grapes

gum
Gooey **gum** on the ground

Hh

hat

Her **hat**   His **hat**

horse

A **horse** hiding in a haystack

helicopter

A hippo in a **helicopter**

house

A haunted **house** on a hill

Ii

ice cream
Eating **ice cream** on an island

Jj

jack-in-the-box
Jolly **jack-in-the-box** jumps out.

igloo
Ice skating into an icy **igloo**

jelly bean
Jill juggling **jelly beans**

Kk

kangaroo

A **kangaroo** with kids

kite

Two kinds of **kites**

king

Kissed by a **king**

kitten

A **kitten** in the kitchen

Ll

ladder

A leopard on a **ladder**

leaves

Lots of **leaves** on the lawn

lamb

Lovely little **lambs** in lace

lion

A **lion** licking a lollipop

Mm

milk

Mopping up a mess of **milk**

moon

The **moon** over the mountain

monkey

A **monkey** marching with a music box

mouse

A merry **mouse** on a motorcycle

Nn

net

Nine in the **net**

noodles

Oodles of **noodles**

nightingale

A noisy **nightingale** singing notes

nurse

A nice **nurse**

Oo

octopus

An **octopus** with oars in the ocean

ostrich

An **ostrich** in overalls

orange

An orangutan eating an **orange**

owl

An **owl** outside my window

panda

A **panda**
in polka-dot pajamas

pie

A piece of pumpkin **pie**

penguin

A pair of **penguins**
in parachutes

pig

A pink **pig**
poking in a puddle

pirate

A **pirate** walking the plank

queen

Quite a young **queen**

policeman

A pedaling **policeman**

quilt

Quivering under a **quilt**

Rr

rabbit

Rabbits racing on roller skates

rocket

A roaring **rocket** to ride

ring

A red, round, ruby **ring**

rooster

A **rooster** in a raincoat and rubbers

Ss

sled

Six seals
sliding on a **sled**

spaghetti

A **spaghetti** sandwich
for supper

snowman

A silly **snowman**
with sunglasses

swing

Sally soaring
on a **swing**

Tt

table

Tea and toast on the **table**

tent

Ten in a **tent**

telephone

A teddy bear talking on the **telephone**

tiger

A **tiger** with a toothache

toys

A trunk full of terrific **toys**

truck

A **truck** in traffic

train

A **train** tooting on a track

turtle

Two **turtles** in T-shirts

U u

umbrella

A unicorn
under an **umbrella**

W w

wagon

A **wagon** wobbling
on its wheels

V v

valentine

A **valentine** with
velvet hearts

walrus

A **walrus** with a
woolly wig

watermelon

Watermelons up to Wanda's waist

window

A woodpecker at the **window**

whale

A **whale** making waves in the water

Xx

xylophone

A **xylophone** for Zack

Yy

yak

A **yak** on a yacht

Zz

zebra

A **zebra** in a zoo

yo-yo

A yellow **yo-yo** in the yard

zipper

Zipping up a zigzag **zipper**